...a Boudra

Application medicale des capteurs et des réseaux de capteurs sans fil

Hasna Boudra

Application medicale des capteurs et des réseaux de capteurs sans fil

Un prototype de système de télésurveillance médicale pour les personnes âgées

Éditions universitaires européennes

Impressum / Mentions légales

Bibliografische Information der Deutschen Nationalbibliothek: Die Deutsche Nationalbibliothek verzeichnet diese Publikation in der Deutschen Nationalbibliografie; detaillierte bibliografische Daten sind im Internet über http://dnb.d-nb.de abrufbar.
Alle in diesem Buch genannten Marken und Produktnamen unterliegen warenzeichen-, marken- oder patentrechtlichem Schutz bzw. sind Warenzeichen oder eingetragene Warenzeichen der jeweiligen Inhaber. Die Wiedergabe von Marken, Produktnamen, Gebrauchsnamen, Handelsnamen, Warenbezeichnungen u.s.w. in diesem Werk berechtigt auch ohne besondere Kennzeichnung nicht zu der Annahme, dass solche Namen im Sinne der Warenzeichen- und Markenschutzgesetzgebung als frei zu betrachten wären und daher von jedermann benutzt werden dürften.

Information bibliographique publiée par la Deutsche Nationalbibliothek: La Deutsche Nationalbibliothek inscrit cette publication à la Deutsche Nationalbibliografie; des données bibliographiques détaillées sont disponibles sur internet à l'adresse http://dnb.d-nb.de.
Toutes marques et noms de produits mentionnés dans ce livre demeurent sous la protection des marques, des marques déposées et des brevets, et sont des marques ou des marques déposées de leurs détenteurs respectifs. L'utilisation des marques, noms de produits, noms communs, noms commerciaux, descriptions de produits, etc, même sans qu'ils soient mentionnés de façon particulière dans ce livre ne signifie en aucune façon que ces noms peuvent être utilisés sans restriction à l'égard de la législation pour la protection des marques et des marques déposées et pourraient donc être utilisés par quiconque.

Coverbild / Photo de couverture: www.ingimage.com

Verlag / Editeur:
Éditions universitaires européennes
ist ein Imprint der / est une marque déposée de
OmniScriptum GmbH & Co. KG
Heinrich-Böcking-Str. 6-8, 66121 Saarbrücken, Deutschland / Allemagne
Email: info@editions-ue.com

Herstellung: siehe letzte Seite /
Impression: voir la dernière page
ISBN: 978-3-8417-4346-6

REMERCIEMENTS

Je remercie en premier lieu mes parents Hacene Boudra et Yamina Boudraa qui m'ont soutenue et encadrée depuis la classe maternelle et jusqu'aux études universitaires.

Je tiens à remercie mon directeur de recherche, Pr. Abdellatif Obaid pour m'avoir fait découvrir le domaine de télésurveillance médicale, pour son suivi et conseils précieux durant l'élaboration de ce travail.

Je remercie mes professeurs de l'UQAM ainsi que le directeur de programme M Étienne Gagnon qui ont veillé pour la réussite de ma formation.

Je remercie également tous mes amis que j'ai rencontrés à l'UQAM et mes amis de laboratoire LATECE.

Un sincère remerciement à toute ma famille pour son encouragement et à tous les gens qui ont contribué par ses conseils pour la réalisation de ce travail notamment : Larbi Abidat et Adel Ghlamallah.

Je dédie ce travail à mon mari Larbi et mes trois petites princesses Meriem, Imene et Lyna.

TABLE DES MATIÈRES

LISTE DES FIGURES

6

7

LISTE DES TABLEAUX

LISTE DES ACRONYMES

ADV   Android Virtual Device

API   Application Programming Interface

CRUD   Create, Read, Update and Delete

EDGE   Enhanced Data Rates for GSM Evolution

EKG   Electrocardiogram

EMG   Électromyogramme

GPRS   General packet radio service

GPS   Global Positioning System

GSM   Global System for Mobile communications

HIS   Habitat Intelligent pour la Santé

HR   Heart Rate

HTTP   Hypertext Transfer Protocol

IP   Internet Protocol

JAX-RS   Java API for RESTful Web Services

JDBC   Java Database Connectivity

Jess	Java Expert System Shell
Iminet	Intelligent Medical Information Network
IRM	Imagerie par Résonance Magnétique
LAN	Local Area Network
OS	Operating System
PAN	personal area network
PDA	Personal Digital Assistant
REST	Representational State Transfer
RFID	Radio Frequency Identification
SaaS	Software-as-a-Service
SAX	Simple API for XML
SMS	Short Message Service
SQL	Structured Query Language
SOAP	Simple Object Access Protocol
UDDI	Universal Description, Discovery and Integration
UMTS	Universal Mobile Telecommunications System

URI	Uniform Resource Identifier
URL	Uniform Resource Locator
VPN	Virtual Private Network
WBAN	Wireless Body Area Network
WIMAX	Worldwide Interoperability for Microwave Access
WLAN	Wireless Local Area Network
WPAN	Wireless Personal Area Network
WSDL	Web Services Description Language
WSN	Wireless Sensor Network
XHTML	EXtensible HyperText Markup Language
XML	Extensible Markup Language

RÉSUMÉ

Grâce au progrès dans le domaine des réseaux sans fil, des nouvelles applications sont conçues dans le domaine médical et de la santé. L'efficacité du personnel médical est augmentée en utilisant ces nouveaux outils et applications. Dans le domaine de la santé, le suivi des patients à long terme et le suivi des personnes âgées ainsi que les maisons intelligentes (des maisons équipées par des capteurs et la technologie de l'information pour permettre aux personnes qui devraient normalement être placées dans des établissements spécialisés de vivre autonome) sont devenus un objet de discussion réelle dans la communauté des chercheurs en informatique.

Les patients peuvent porter des capteurs qui surveillent les signes vitaux signalés en temps réel à leur médecin. Cela permet d'améliorer la qualité des soins de santé et d'économiser de l'argent aux patients.

Dans ce travail, on a proposé une architecture pour la télésurveillance des personnes âgées vivant seules. On a développé un prototype où on a choisi l'architecture REST et le moteur de règles Jess dans le but d'avoir une application flexible pour le changement futur.

Mots clés : télésurveillance médicale, réseau de capteurs sans fil, services web, architecture REST, moteur de règles Jess.

CHAPITRE I

INTRDUCTION

Le groupe spécialisé de la télématique de l'Organisation mondiale de la santé (WHO) avait défini le concept de la télémédecine en 1997. "C'est une forme de pratique médicale coopérative mettant en rapport à distance un patient et un médecin (ou plusieurs professionnels de santé) grâce aux technologies de l'information et de la communication"[1].

Les principales applications en télémédecine sont :

- la téléconsultation et le télédiagnostic : consultation médicale à distance;

- la télésurveillance ou surveillance à distance d'un patient;

- la téléexpertise : avis donné à distance par un expert ou un médecin;

- la téléformation : consultation des informations médicales (bases de données, imagerie, cours de formation);

- la création de réseau de télémédecine : transmission des dossiers;

- la téléchirurgie : qui permet de manipuler du matériel médical à distance et d'avoir une action directe du praticien sur le patient [2].

13

Compte tenu de ce qui précède, la télésurveillance médicale est une branche de la télémédecine qui vise à surveiller à distance les paramètres de patient ou l'état de santé d'une personne âgée vivant seule ou ayant des soucis de santé faisant appel à plusieurs éléments de domotique. La domotique étant l'ensemble des techniques qui consistent à équiper un domicile avec des capteurs intelligents ayant pour but de "sonder" l'état du domicile et de ses occupants, à tout instant, et celui des actionneurs pour répondre aux besoins de l'utilisateur [3].

La télésurveillance médicale est devenue un élément important dans les systèmes médicaux pour les personnes âgées, le postopératoire et les maladies chroniques. Parmi ses bénéfices, on cite [4][5] :

- amélioration de la sécurité des patients ;

- interventions des médecins plus rapides en cas de besoin ;

- suivi immédiat et réconfort après un événement ;

- diminution du nombre de jours d'hospitalisation ;

- diminution du coût grâce au suivi qui peut être fait en dehors de l'hôpital ;

- le patient se sent plus rassuré ;

- implication de la famille dans le processus de soins ;

- réponse à la croissance du nombre de personnes âgées ;

- réponse aux besoins des patients atteints de la maladie d'Alzheimer ;

- réponse aux besoins des patients qui habitent les zones rurales isolées.

1.1 Les capteurs et les réseaux de capteurs dans la télésurveillance médicale

Les réseaux de capteurs sans fil avec les nœuds de capteurs intelligents sont devenus une technologie très importante pour plusieurs types d'applications. Par exemple, ils peuvent être utilisés pour les interventions d'urgence, la surveillance militaire, la surveillance de l'environnement, les applications agricoles et le suivi de la santé.

En outre, les systèmes d'assistance et surveillance basés sur les capteurs et les réseaux de capteurs sont parmi les systèmes conçus pour répondre aux objectifs de la télésurveillance médicale. Autrement dit, les capteurs sont implantés dans le corps des patients ou des personnes âgées, ainsi que dans leur environnement, pour former les réseaux de capteurs sans fil qui transmettent les données requises [6].

À vrai dire, les capteurs constituent la première étape dans le système. Ils servent à recueillir tous les signaux physiologiques nécessaires comme : la température, la tension artérielle et le taux d'oxygène dans le sang [7].

Par ailleurs, les capteurs sans fil permettent aux médecins, infirmières et autre personnel de la santé de surveiller l'état du patient de façon permanente. À cet effet, plusieurs capteurs sont utilisés, comme le thermomètre, l'EKG et les pulse-oximètres. Les mesures peuvent être périodiques comme la température ou continues comme l'EKG [8].

En somme, la télésurveillance basée sur les capteurs et les réseaux de capteurs devient vitale pour le besoin médical.

15

1.2   Les différents types de télésurveillances médicales

Il est possible de séparer les fonctions pouvant théoriquement être activées par un système de télésurveillance en 3 types :

1.2.1 Le télétest-télémaintenance

Les capteurs équipant le matériel d'assistance technique médicale du malade sont "testés" continuellement par l'intermédiaire de l'équipement informatique à domicile. Dès qu'apparaît une anomalie, le centre serveur est averti et une équipe technique intervient immédiatement pour régler ou réparer le capteur ou l'appareillage.

1.2.2 La téléalarme

Dès que les capteurs décèlent une situation critique du malade ou de l'appareillage, une alarme est transmise instantanément au centre serveur qui, immédiatement en retour, téléteste les appareils et déclenche l'alarme auprès du médecin traitant, du service de premiers soins ou du personnel du centre serveur selon le type d'alarme.

1.2.3 Le télémonitorage

Il permet de recueillir à distance des informations sur le fonctionnement de l'appareillage et sur l'état du patient. Ainsi, si certains malades ne respectent pas, pour des raisons diverses, les durées du traitement, ce type de télésurveillance permet notamment de renseigner rapidement le médecin prescripteur.

Dans ce but, une meilleure connaissance des traitements réellement pris par les malades doit, d'une part, permettre aux médecins de poursuivre des recherches sur la mise au point de schémas thérapeutiques optimaux et, d'autre part, sécuriser les malades [9].

1.3 Problématique

Le vieillissement de la population mondiale constitue l'une des tendances les plus importantes du siècle. Au cours du siècle précédent, la longévité a connu une forte hausse à l'échelle planétaire. D'ailleurs, la population des aînés croît plus rapidement que tout autre groupe d'âge. Le déclin du pourcentage de jeunes et la progression de la proportion des personnes de plus de 60 ans entraînent des changements dans le profil démographique du passé et accélèrent le vieillissement des sociétés autant développées qu'en développement. Par conséquent, la tendance pousse les gouvernements comme la société civile à modifier leur perception des aînés et du vieillissement et réviser les méthodes employées pour planifier et gérer les besoins et les apports des personnes âgées au sein de la société.

Certes, la nouvelle perspective du vieillissement se reflète dans le concept du vieillissement actif épousé par l'Organisation Mondiale de la Santé (OMS). En 2002, ce concept a été défini comme étant « le processus d'optimisation des occasions de santé, de participation et de sécurité dans le but d'améliorer la qualité de vie des personnes vieillissantes» [10].

Notre problématique cible le domaine de la santé et les personnes âgées qui sont le plus exposées aux maladies chroniques.

Au Canada, les coûts liés à la maladie, à l'incapacité et à la mortalité qu'entraînent les maladies chroniques comme le diabète, la maladie pulmonaire obstructive chronique (MPOC) et l'insuffisance cardiaque congestive (ICC) s'élèvent à plus de 80 milliards de dollars chaque année. La mortalité annuelle des suites de ces maladies chroniques va comme suit :

- 21 946 décès des suites de la maladie cardiovasculaire,

- 3 617 décès des suites de la maladie pulmonaire chronique et

- 1 927 décès des suites du diabète2.

L'expression « prise en charge de la maladie chronique » renvoie à la démarche systématique visant à améliorer et à maintenir la santé des personnes atteintes d'une maladie chronique ou d'une affection de longue durée. Par conséquent, les soins à domicile font partie intégrante de la prise en charge de la maladie chronique, et les prestataires de soins peuvent offrir des services à domicile en se rendant chez le patient ou en utilisant les technologies de l'information et de la communication [11].

1.4 Objectifs

Le but de notre recherche est la conception et le développement d'un prototype d'un système de télésurveillance médicale basée sur les capteurs et les réseaux de capteurs, en visant les objectifs suivants :

- Développement d'une application uniforme et extensible en utilisant les services web;

- Introduction de l'architecture REST pour optimiser la technologie des services web : les environnements médicaux informatisés nécessitent d'être implémentés avec une approche standardisée. La technologie des services web utilisée n'est pas optimisée à cause du protocole SOAP qui ajoute une couche supplémentaire;

- Utilisation d'un moteur de règles pour que le système soit souple pour des changements futurs.

- Utilisation du client mobile.

1.5   Organisation du document

Nous présenterons dans le chapitre 2 la technologie et les applications des réseaux de capteurs; nous montrerons l'architecture physique des capteurs ainsi que les différents systèmes utilisés dans les capteurs et les réseaux de capteurs. Nous montrerons les différentes applications des réseaux de capteurs et nous détaillerons les applications dans le domaine médical. Nous exposerons ensuite quelques projets et exemples déjà réalisés dans ce domaine. Notre architecture proposée est présentée dans le chapitre 3 où on introduit aussi les différentes technologies qu'on a utilisées (services web, architecture REST et Jess). Dans le chapitre 4, nous présenterons les éléments développés pour la mise en œuvre de notre prototype en utilisant le langage Java et JESS. Une évaluation de performance est faite dans le chapitre 5. Le chapitre 6 est la dernière partie qui exposera en bref les points importants réalisés et les autres éléments à ajouter dans le futur.

19

CHAPITRE II

TECHNOLOGIE DES CAPTEURS ET RÉSEAUX DE CAPTEURS

Dans ce chapitre, nous présentons la technologie et les applications des réseaux de capteurs. Il est divisé en trois parties. La première partie est consacrée à la technologie des capteurs et les réseaux de capteurs. La deuxième partie est consacrée aux applications des réseaux de capteurs dans différents domaines, notamment le domaine médical. Et dans la troisième partie, nous montrons quelques projets réalisés.

2.1 Le capteur

2.1.1 Modèle d'un instrument de mesure

Dans son ouvrage sur l'instrumentation industrielle, l'électronicien Georges Asch a modélisé très précisément la notion d'instrument de mesure et donc celle de capteur (Figure 2.1). La grandeur physique, objet de la mesure, nommée mesurande (m), est appréhendée par diverses opérations expérimentales que l'on regroupe sous le terme de mesurage qui, dans un grand nombre de cas, produit un signal électrique (s) image de la grandeur physique et de ses variations. Le capteur est le dispositif physique qui, soumis à l'action du mesurande, non électrique, produit la caractéristique électrique : s=F(m). Or, toutes les lois physiques interagissent au sein des matériaux, donc le capteur est obligatoirement sensible à d'autres grandeurs physiques, secondaires, dites grandeurs d'influence. Si on considère que g1, g2, ... sont des grandeurs d'influence, alors la caractéristique électrique s=F(m) devient s= F(m, g1, g2, ...). Les principales grandeurs d'influence pour le capteur sont la température, l'accélération, les vibrations, l'humidité et les champs magnétiques [12].

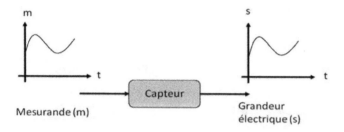

Figure 2.1 La fonction essentielle du capteur [13]

Un capteur est un dispositif équipé de fonctionnalités de sensations avancées. Il mesure ou détecte un événement réel, comme le mouvement, la chaleur ou la lumière et convertit la valeur mesurée dans une représentation analogique ou numérique. Il prélève des informations et élabore, à partir d'une grandeur physique (information d'entrée), une autre grandeur physique de nature électrique [13].

2.1.2 Les capteurs intelligents

Les capteurs intelligents (Smart Sensors) sont des dispositifs matériels dans lesquels coexistent le(s) capteur(s) et les circuits de traitement et de communication. Leurs relations avec des couches de traitement supérieures vont bien au-delà d'une simple « transduction de signal ». Les capteurs intelligents sont aussi des « capteurs d'informations » et pas simplement des capteurs et des circuits de traitement du signal juxtaposés. De plus, les « Smart Sensors » ne sont pas des dispositifs banalisés, car chacun de leurs constituants a été conçu dans l'objectif d'une application bien spécifique [13].

2.1.3 Architecture physique d'un capteur intelligent

Un capteur intelligent est composé de 4 unités (voir la Figure 2.2) :

- l'unité d'acquisition : composée d'un capteur qui obtient des mesures sur les paramètres environnementaux et d'un convertisseur Analogique/Numérique qui convertit l'information relevée et la transmet à l'unité de traitement.

- l'unité de traitement : composée d'un processeur et d'une mémoire intégrant un système d'exploitation spécifique (TinyOS, par exemple). Cette unité possède deux interfaces : une interface pour l'unité d'acquisition et une interface pour l'unité de communication. Elle acquiert les informations en provenance de l'unité d'acquisition et les envoie à l'unité de communication. Cette unité est chargée aussi d'exécuter les protocoles de communications qui permettent de faire collaborer le capteur avec d'autres capteurs. Elle peut aussi analyser les données captées.

- L'unité de communication : unité responsable de toutes les émissions et réceptions de données via un support de communication radio. Elle peut être de type optique (comme dans les capteurs Smart Dust)) ou de type radiofréquence (MICA2, par exemple).

- La batterie : un capteur est muni d'une batterie pour alimenter tous ses composants. Cependant, à cause de sa taille réduite, la batterie dont il

22

dispose est limitée et généralement irremplaçable. Pour cela, l'énergie est la ressource la plus précieuse puisqu'elle influe directement sur la durée de vie des capteurs.

Il existe des capteurs qui sont dotés d'autres composants additionnels comme le système de positionnement GPS (Global Positioning System) ainsi qu' un mobilisateur lui permettant le déplacement. Dans le reste de notre rapport, lorsque nous parlerons de capteur, nous sous-entendrons capteur « intelligent » avec un système de capture et les circuits de traitement et de communication [13].

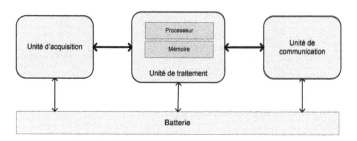

Figure 2.2   Architecture physique d'un capteur

2.2   Les réseaux de capteurs sans fil

Un réseau de capteurs est constitué de milliers de nœuds appelés nœuds capteurs ou tout simplement capteurs, permettant de capter et de collecter des événements, d'analyser les traitements et de transmettre les informations recueillies à différents environnements. Ces nœuds peuvent avoir des positions fixes ou bien être déployés aléatoirement pour surveiller l'environnement. Les communications dans un réseau de capteurs se font souvent d'une manière multi-saut. L'écoulement des données se termine vers des nœuds

23

spéciaux appelés nœuds-puits ou stations de base (« *sink* »). Ces nœuds-puits sont des bases de contrôle qui possèdent plus de ressources matérielles et permettent de collecter et de stocker les informations issues des capteurs. En d'autres termes, le fonctionnement d'un réseau de capteurs se déroule de la manière suivante : les nœuds sont déployés dans une zone appelée zone d'intérêt pour la surveiller. Lorsqu'un nœud détecte un évènement, il le traite localement et l'achemine vers la station de base via une communication multi-saut. Ce processus est illustré dans la figure 2.3 [14].

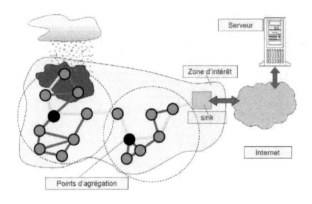

Figure 2.3   Exemple d'un réseau de capteurs [14]

2.3   TinyOS

TinyOS est un système d'exploitation intégré, modulaire, destiné aux réseaux de capteurs. Cette plateforme logicielle open-source est composée d'une série d'outils développés par l'Université de Berkeley. En effet, TinyOS est le plus répandu des OS (Operating System) pour les réseaux de capteurs sans fil. Il est utilisé dans les plus grands projets de recherche sur le sujet. Un grand nombre de ces groupes de recherche ou entreprises participent activement au développement de cet OS en fournissant de nouveaux modules, de nouvelles applications, etc. La librairie TinyOS comprend les protocoles réseaux, les services de distribution, les drivers pour capteurs et les outils d'acquisition de données.

Le système, ses librairies et ses applications sont écrits en nesC, un nouveau langage pour le développement d'applications orientées composants. Le langage nesC est principalement dédié aux systèmes embarqués comme les réseaux de capteurs. NesC a une syntaxe proche du langage C, mais supporte le modèle concurrent de TinyOS ainsi que des mécanismes pour la structuration, le nommage et l'assemblage de composants logiciels en des systèmes réseaux embarqués fiables. L'objectif principal est de permettre aux concepteurs d'applications de construire des composants qui peuvent être formés rapidement en des systèmes complets, concurrents, tout en permettant une vérification profonde à la compilation [13].

2.4 TinyDB

C'est un système de traitement de requête pour extraire des informations à partir d'un réseau de capteurs TinyOS. TinyDB permet aux applications de données d'être développées et déployées beaucoup plus rapidement. Il possède une interface simple et de type SQL, pour spécifier les données que vous voulez extraire, avec des paramètres supplémentaires. La figure 2.4 illustre le fonctionnement de tinyDB.

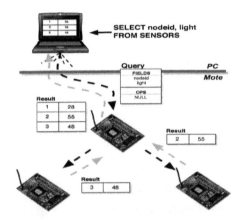

Figure 2.4   Une requête et les résultats se propageant à travers le réseau [41]

Les requêtes dans TinyDB consistent en une clause SELECT-FROM-WHERE supportant la sélection, la jointure, la projection, l'agrégation, l'échantillonnage, le fenêtrage, et les sous-requêtes via des points de matérialisation.

 Les données du capteur sont considérées comme une seule table avec une colonne par type de capteur. Les tuples   (i.e. les lignes de table) sont annexés à cette table périodiquement, à intervalles d'échantillonnage bien défini [41].

On peut formuler des requêtes SQL telles que:

SELECT nodeid, light, temp

FROM sensors

SAMPLE INTERVAL 1s FOR 10s

26

2.5 Les applications de réseaux de capteurs sans fil

Les réseaux de capteurs peuvent être développés pour plusieurs objectifs dans différents domaines et, pour illustrer les avantages de réseaux de capteurs, les sections suivantes montrent leurs utilisations dans trois principaux domaines d'applications de réseaux de capteurs.

2.5.1 Domaine militaire

Un réseau de capteurs peut être déployé dans un endroit stratégique ou hostile afin de surveiller les mouvements des forces ennemies ou d'analyser le terrain avant d'y envoyer des troupes (détection des armes chimiques, biologiques ou radiations). En vue de montrer une utilisation réelle des réseaux de capteurs dans les opérations militaires, les capteurs sont déployés dans les zones d'intérêts. La station de base collecte et analyse les données puis elle les envoie aux consommateurs qui peuvent être un soldat, un véhicule militaire, ou autre[15].

VigilNet est une des principales applications dans le domaine militaire pour intégrer les réseaux de capteurs aux missions des surveillances. L'objectif de cette initiative est d'acquérir et de vérifier les informations des ennemis et les positions des cibles hostiles. Ces missions impliquent souvent des risques élevés pour le personnel humain et nécessitent un haut degré de furtivité. Par conséquent, la capacité de déployer des missions de surveillance sans équipage, à l'aide de réseaux de capteurs sans fil, est d'une grande importance pratique pour les militaires. En raison des contraintes, entre autre, énergétiques des appareils [16].

2.5.2 Domaine environnemental

Les réseaux de capteurs peuvent être utilisés pour surveiller les changements environnementaux. Ils servent à déterminer les valeurs de certains paramètres à un endroit donné, tels que la température, la pression atmosphérique, etc. En dispersant des nœuds capteurs dans la nature, on peut détecter des événements tels que des feux de forêts, des tempêtes ou des inondations. Ceci permet une intervention beaucoup plus rapide et efficace des secours. Avec les réseaux de capteurs, on peut contrôler la pollution, par exemple en déposant des capteurs au-dessus d'un emplacement industriel pour détecter et surveiller des fuites de gaz ou de produits chimiques. Un exemple concernant les applications environnementales est le projet ARGO. Le but de ce projet est de surveiller l'eau de l'océan, sa température, sa salinité ainsi que sa vélocité. Le projet utilise des nœuds équipés de capteurs de température et de salinité. Les nœuds sont déployés à partir de navires ou d'avions. Ils s'enfoncent à une profondeur de 2000 mètres tous les dix jours (figure 2.5). Les données recueillies au cours des déplacements sont transmises à un satellite tandis que des nœuds sont toujours à la surface. La durée de vie des nœuds est d'environ 45ans [14].

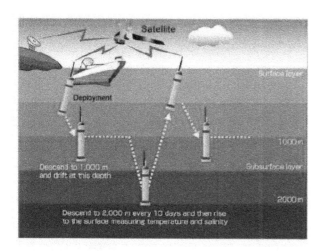

Figure 2.5   Application sur le contrôle de la qualité de l'eau [14]

2.5.3 Domaine médical

Les avantages d'un WSN (Wireless Sensor Network) sont nombreux pour la santé, car il fournit les propriétés importantes suivantes:

1. portabilité et discrétion : Les petits appareils recueillent des données et communiquent avec le sans fil. Ils peuvent être portés sur le corps ou placés dans les environnements à surveiller.

2. Facilité de déploiement et d'évolutivité : Les appareils peuvent être déployés dans des quantités importantes avec des coûts considérablement faibles par rapport aux réseaux câblés. Les structures existantes peuvent être facilement complétées par un réseau WSN, alors que les installations filaires seraient coûteuses et peu pratiques.

29

3. Temps réel et toujours fonctionnel : Les données physiologiques et environnementales peuvent être surveillées en permanence permettant ainsi aux travailleurs d'urgence ou de soins de santé de réagir en temps réel.

Les données recueillies forment un journal de la santé et sont utiles pour combler les lacunes traditionnelles dans l'histoire du patient. Même si le réseau dans son ensemble est toujours en service, des capteurs individuels doivent toujours conserver l'énergie grâce à une gestion intelligente de l'alimentation et sur activation à la demande.

4. Reconfiguration et auto-organisation : Comme il n'y a aucune installation fixe, l'ajout et la suppression des capteurs reconfigurent instantanément le réseau. Les capteurs s'organisent automatiquement pour former des chemins de routage, collaborer au traitement des données et établir des hiérarchies [22].

Dans les prochaines sections, on présente les technologies de réseaux de capteurs utilisées dans le domaine médical.

2.5.3.1   WBAN (Wireless Body Area Network)

La taille de plus en plus réduite des capteurs, les circuits intégrés ainsi que les réseaux sans fil ont apporté des idées de développement pour plateformes de capteurs de faible puissance physiologiques qui peuvent être intégrés dans le Body Area Networks (BANs).

Le WBAN consiste en plusieurs capteurs physiologiques (ECG, pulse oximeter, température) disposés sur le corps humain pour collecter les signes vitaux comme l'ECG, la tension artérielle, le pulse oximeter, puis transmettre les mesures au puits (sink), PDA, mobile phone ou personal computer. Ensuite, l'informtion est transmise en temps réel via internet au personnel médical.

Le WBAN peut être utilisé à l'intérieur de l'hôpital pour le monitorage des patients qui sont en situation critique [17].

2.5.3.2 Milieux hospitaliers

Ces applications couvrent des zones plus larges que WBAN. Elles couvrent généralement tout l'hôpital où le personnel médical et les équipements sont suivis pour augmenter l'efficacité des processus de soin médical. D'autres infrastructures et technologies sont utilisées dans cette catégorie d'applications comme les réseaux LAN et RFID [18].

Les tags RFID sont utilisées dans les hôpitaux pour garder la trace des équipements. Elles peuvent être aussi implémentées sur les patients ainsi que sur les médecins pour les localiser immédiatement.

L'utilisation de RFID est en augmentation pour le système de surveillance de patients grâce aux avantages suivants [19]:

- Une ligne entre le capteur et la RFID n'est pas nécessaire;

- Les tags sont des dispositifs passifs qui ne requièrent pas de batterie ;

- Un débit de données de 100kbit / s est disponible.

2.5.3.3   WPAN (Wireless Personal Area Network)

31

WPAN qui utilise zigBee ou Bluetooth a une potentielle utilisation dans les domaines médicaux, par exemple, dans la chambre du patient. Les infirmières sont capables de suivre les patients en temps réel sans être obligées de leur rendre visite fréquemment. Cela leur permet d'avoir plus de temps et leur donne l'opportunité de soigner plus de patients [17].

WPANs sont utilisés aussi dans les applications des soins à domicile et dans les habitats intelligents. Les personnes âgées vivant seules peuvent être alors surveillées ainsi que leurs environnements sans se déplacer de leur domicile.

ZigBee est un protocole de haut niveau permettant la communication de petites radios, à consommation réduite, basée sur la norme IEEE 802.15.4 pour les réseaux à dimension personnelle (Wireless Personal Area Networks : WPANs).

Cette technologie a pour but la communication de courte distance comme le propose déjà la technologie Bluetooth tout en étant moins chère et plus simple [23].

Une comparaison entre ces protocoles est donnée dans le tableau 2.1

Caractéristique	Zigbee	Bluetooth	Wi-Fi
IEEE	802.15.4	802.15.1	802.11a/b/g/n-draft
Besoin mémoire	4-32 ko	250 ko +	1 Mo +
Autonomie avec pile	Années	Mois	Heures
Nombre de nœuds	65 000+	7	32

Vitesse de transfert	250 kb/s	1 Mb/s	11-54-108-320 Mb/s
Portée (environ)	100 m	10 m	300 m

Tableau 2.1   Comparaison entre différents protocoles [23]

ZigBee Health Care est développé par ZigBee Alliance. Il a été conçu pour être utilisé par les appareils et accessoires fonctionnels opérant dans les soins de santé. ZigBee Health Care est une norme dans l'industrie pour l'échange de données entre une variété de dispositifs médicaux et non médicaux [24]

2.5.4 Exemple des applications utilisant WSN dans le domaine médical

2.5.4.1   CodeBlue

CodeBlue est un projet dans le domaine médical basé sur les réseaux de capteurs sans fil. Les buts spécifiques de ce projet concernent le suivi du patient pré-hopital et dans l'hôpital pour les soins d'urgence. Ce projet possède le matériel ainsi que le logicielsuivants:

- Accéléromètre, gyroscope et électromyogramme(EMG) pour le monitorage des patients.

- Une plateforme (figure 2.6) Réseau de capteurs appelée Mercury portable pour l'analyse de mouvements haute-fidélité

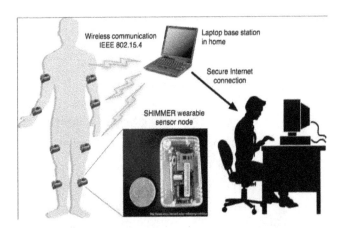

Figure 2.6   Plateforme Mercury[20]

Mercury est une plateforme de réseaux de capteurs conçus pour supporter des applications qui ont des données intensives et qui peut s'adapter aux fluctuations de la disponibilité des ressources. Les principaux défis abordés par Mercury sont : longue vie de nœud capteur pour conserver l'énergie de batterie afin que le capteur vive le plus long possible, un fonctionnement autonome et la nécessité pour le système d'ajuster automatiquement son comportement en réponse aux fluctuations de la bande passante radio et de la disponibilité de l'énergie.

La plateforme matérielle actuelle SHIMMER développée chez Intel. SHIMMER intègre un processeur TI MSP430, radio CC2420 IEEE 802.15.4, un accéléromètre triaxial et la batterie Li-polymère rechargeable [20].

2.5.4.2   Projet *Iminet*

34

Il s'agit pour l'essentiel d'un environnement virtuel intelligent appelé *Cabinet médical virtuel intelligent* qui permet de résoudre divers cas de figures (ou scénarios). La figure2.7 montre un exemple de projet Iminet [21].

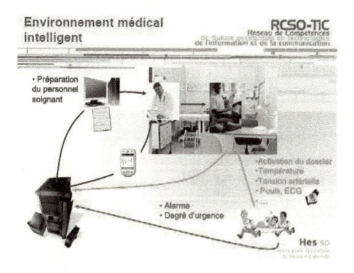

Figure 2.7 Exemple de scénario de projet Iminet [21]

Les composantes du système sont les suivantes:

- Une passerelle avec un fournisseur de services Internet: les mesures effectuées par ces capteurs sont collectées par une passerelle qui est constituée, typiquement, d'un terminal mobile avec connexion GPRS/EDGE/UMTS et/ou WLAN/WiMAX au réseau Internet. En cas d'absence temporaire de connexion (courte visite du malade dans une cave, par exemple), la passerelle doit être en mesure d'effectuer deux opérations basiques :

- Stocker temporairement les données acquises afin de les retransmettre plus tard;

- Informer le patient sous surveillance qu'il n'est plus surveillé.

- Un serveur d'applications: le serveur Web est, en réalité, un serveur d'applications qui doit se livrer à de nombreuses opérations non triviales. Il doit identifier la personne à l'origine d'un message, ainsi que chacun des périphériques émettant des données de manière à pouvoir assigner à ces données un traitement spécifique. Des données en provenance d'un ECG ne peuvent pas être traitées comme des données en provenance d'un capteur de pression. Le traitement des données peut aussi générer des alarmes; ces alarmes sont spécifiques au périphérique considéré.

Les données après un traitement adéquat, doivent être stockées dans une base de données de manière à pouvoir être consultées. Un archivage est aussi nécessaire pour le suivi de l'historique.

La base de données stocke les données de mesure en provenance des patients, mais aussi des données plus traditionnelles, comme les auscultations, les examens radiologiques, scanner, IRM, etc... ainsi que l'historique des consultations, des pathologies d'un patient et de ses traitements. La base de données constitue en quelque sorte le dossier médical du patient.

On distingue deux familles de documents qui peuvent être intégrées dans le dossier médical de patient :

• Des documents préparés par du personnel soignant: questionnaires normalisés, procédures à suivre, documentation à renseigner, etc. Ces documents peuvent être uniquement destinés au personnel soignant (médecin remplissant le questionnaire au cours de la visite de malades sur une tablette, par exemple), ou remplis par le patient lui-même à travers une connexion Internet;

• Des documents externes provenant d'unités non contrôlables par l'environnement soignant, mais pouvant éventuellement être dotées d'annotations. Cette catégorie comprend des images provenant d'instruments d'analyse médicale, des graphiques, des relevés, etc. avec éventuellement des annotations ou commentaires faits par les diagnosticiens;

L'ensemble des dossiers patients constitue une base de données qui peut être exploitée pour déceler des relations complexes entre des symptômes et des maladies.

Le mode de transmission de l'alarme peut se faire simplement par un SMS, par appel téléphonique direct avec synthèse vocale du texte d'alarme ou par un pager [21].

2.5.4.3   Les domiciles intelligents

Le dispositif domotique « Habitat Intelligent pour la Santé »(HIS) a été développé au sein du laboratoire TIMC-IMAG dans le cadre du projet TIISSAD (figure 2.8). Il s'appuie sur un réseau de capteurs (physiologiques, ambiants, et détecteurs de présence) distribués au sein de l'habitat pour suivre l'activité de la personne dans son domicile [22].

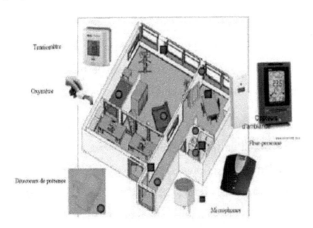

Figure 2.8   Le HIS du laboratoire TIMC-IMAG [22]

2.6   Conclusion

Nous avons montré la description et l'utilisation des capteurs dans différents domaines pour avoir une idée très claire. Parmi ces nombreux domaines d'utilisation des capteurs, ils ont un rôle très important à jouer dans le domaine médical. Notre motivation est d'introduire les nouvelles technologies telles que les services web selon l'architecture REST et de développer une application flexible pour des changements futures en utlisant le moteur de règles JESS. En plus, l'accès au services web avec des clients mobile tel que android sdk

CHAPITRE III

ARCHITECTURE PROPOSÉE

Dans ce chapitre, Nous montrons la description de prototype qui représente la solution à la problématique présentée au chaptire1. En effet, nous présenterons d'abord, dans le schéma, l'ensemble des composants hardwares et softwares qui forment la solution proposée, ensuite le fonctionnement et l'interaction de ces parties entre eux.

3.1 Contexte du travail

Les personnes âgées qui vivent seules ou les personnes atteintes de maladies chroniques ont besoin d'une surveillance permanente. La télésurveillance médicale de ces personnes permet le contrôle continu des maladies chroniques ainsi que la sécurité des personnes malades ou âgées.

Dans ce travail, on propose une architecture qui répond à notre besoin qui est l'acquisition et le traitement des paramètres du patient et son environnement. Ces paramètres comprennent les signes vitaux, la température, la lumière et l'état de batterie. Ils sont primordiaux pour la surveillance médicale.

3.1.1 Les signes vitaux

La mesure des signes vitaux constitue une des premières étapes lors de l'examen physique et représente une méthode rapide et efficace pour vérifier l'état du client.

Les valeurs de signes vitaux normaux chez l'être humain sont [25]:

- La température corporelle:

Normale: 36.7 à 37.8

Moins de 39 : pas dangereuse

39 et plus : dangereuse

- Les pulsations cardiaques :

  Normale : 60 à 100 /min (moyenne de 72/min)

  = < 60/min : bradycardy

  = > 100/min : Tachycardie

- La tension artérielle :

Valeur normale : 110-140/60-80 (pression systolique/pression diastolique)

Pression systolique< 90 - > hypotension.

Pression systolique > 140 - > hypertension.

Pression diastolique>90 -> hypertension

3.1.2 La température de la pièce

La température de la pièce doit être supportable pour les personnes malades ou âgées.
On a estimé qu'elle devra se situer entre 15 et 25 degré Celsius.

3.1.3 L'éclairage de la pièce

La pièce doit être éclairée en tout temps pour assurer la sécurité des patients. Une alerte est ainsi envoyée si un des signes vitaux a une valeur hors de l'intervalle de la normale, s'il n'y a pas de la lumière suffisante pour que la personne âgée puisse se déplacer ou si la température de la pièce est insupportable pour une personne âgée. Une alerte est aussi envoyée si la batterie de capteur est faible.

3.2 Architecture proposée

Pour notre application, on propose l'architecture décrite dans la figure 3.1.

Les capteurs sont installés sur le corps du patient pour enregistrer les signes vitaux ainsi que dans la maison pour surveiller la température et la lumière. Ils collectent et envoient les données périodiquement à une station de base (utilisée sous forme de passerelle) qui va les transmettre à son tour à un service de Cloud à travers l'internet. Ces données seront alors disponibles sur un serveur de Cloud computing.

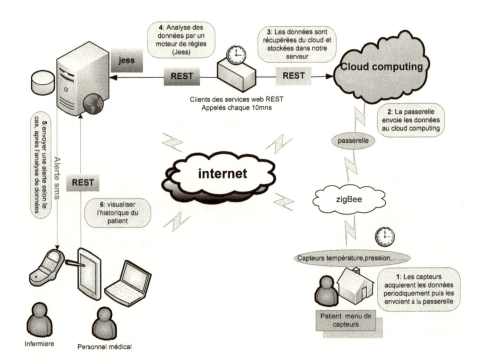

Figure 3.1   Architecture proposée

Notre architecture est également basée sur une architecture REST (voir sa description plus loin). Des services web REST sont appelés périodiquement pour sauvegarder les données dans le serveur d'une façon permanente et les analyser avec un moteur à base de règles, géré par un moteur de règles, l'occurrence Jess [34]. Après l'analyse des données, et selon le cas, une alerte est envoyée à l'infirmière sous forme d'un message SMS.

42

Le personnel médical peut visualiser l'historique du patient après une alerte ou en tout temps, en appelant un service web REST.

Les capteurs les plus connus dans la télésurveillance médicale et dont quelques uns ont été utilisés [20]:

- Les capteurs de température et les capteurs de pression : pour le monitorage de température et de pression du patient.
- Les capteur de rythme cardiaque : ils collectent le rythme cardiaque, la saturation d'oxygène et les données d'électrocardiogramme (ou EKG) et les relient à un réseau sans fil vers des appareils de réception.
- Électromyogramme (EMG) : des capteurs qui mesurent directement les signaux de contrôle musculaire.
- D'autre capteurs : accéléromètre, gyroscope, gyromètre, glucomètre, pédomètre, etc.

Les capteurs communiquent entre eux et avec la station de base avec le protocole ZigBee. La station de base (ou la passerelle) relie le réseau PAN (Personal Area Network) porté par la personne sous surveillance au réseau Internet. Cette passerelle peut être un téléphone mobile, un PDA, un micro ordinateur ou n'importe quel dispositif relié au PAN d'une part et à Internet d'autre part.

Dans notre cas, nous n'avions pas à notre disponibilité tous ces capteurs. Cependant, les capteurs que nous avons utilisés se sont avérés suffisants pour prouver la faisabilité de notre solution.

Le Cloud Computing est l'intermédiaire entre les capteurs et les utilisateurs. La passerelle envoie les données au serveur Cloud. Ainsi, les utilisateurs peuvent les récupérer et les utiliser dans leurs applications.

3.3 Les services web REST

3.3.1 Les services web

Un service web est une Un service Web est une application logicielle délivrée sur HTTP à laquelle on peut accéder à distance à partir des différents langages basés sur XML. Il est identifié par une URL et s'exécute sur un serveur d'applications. Une application peut ainsi utiliser plusieurs services web s'exécutant sur des serveurs distants.

L'approche "Services Web" constitue un changement dans la manière de concevoir et de réaliser les applications informatiques réparties. Cette approche se substitue aux architectures et systèmes client/serveur classiques [26].

3.3.2 Les services web SOAP

SOAP (Simple Object Access Protocol) est un protocole de messagerie standard largement accepté qui facilite l'échange de données entre applications réseaux [27].

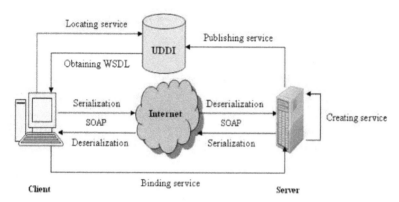

Figure 3.2   Processus de communication dans les services web [27]

L'accès aux services web avec SOAP se fait en suivant les étapes suivantes:

- Les services sont publiés dans le registre public UDDI.

- Un client spécifie un critère de recherche et vérifie le service souhaité sur le registre UDDI.

- Le client obtient la description du service (un document WSDL) à partir de l'URL spécifiée dans le Registre.

- Le client utilise les informations de liaison dans WSDL pour se connecter au serveur.

- Le client construit une requête SOAP pour appeler le service situé sur des machines distantes.

De cette façon, les langages originaires d'applications sont convertis dans les protocoles SOAP via la sérialisation et la dé-sérialisation pour échanger des informations entre les clients et les serveurs. Les services Web sont ainsi indépendants de la plateforme et du

45

protocole et découple les clients des serveurs, comme c'est le cas dans notre application [27].

3.3.3 L'architecture REST

REST est un style d'architecture qui peut se résumer en quatre verbes (GET, POST, PUT et DELETE à partir de HTTP 1.1) en noms qui sont les ressources disponibles sur le réseau (référencé dans l'URI de l'appel à un service). Chaque verbe est associé à une opération du type de celles que l'on veut effectuer sur une base de données. Ces opérations sont groupées sous le nom de CRUD (*Create, Read, Update and Delete*). Les verbes REST et leurs équivalents opérationnels CRUD sont présentés dans le tableau ci-dessous [28].

HTTP	Équivalent CRUD
GET	lire
POST	créer, modifier, supprimer
PUT	créer, mettre à jour
DELETE	supprimer

Bien que REST ne soit pas un standard, il utilise des standards [28]. En particulier :

- URI comme syntaxe universelle pour adresser les ressources,
- HTTP un protocole sans état (stateless) avec un nombre très limité d'opérations,

46

- Des liens hypermedia dans des documents (X) HTML et XML pour représenter à la fois le contenu des informations et la transition entre états de l'application,

- Les types MIME comme text/xml, text/html, image/jpeg, application/pdf, video/mpeg pour la représentation des ressources.

Les avantages de l'architecture REST sont [29]:

- Interfaces générales;

- Réduction de la latence d'interaction;

- Sécurité et scalabilité;

- Encapsulation sécuritaire des systèmes existants;

- Adaptation aux grands nombre de clients;

- Transfert de données dans les réseaux de taille et de type illimités.

Les services Web SOAP et REST ont deux philosophies très différentes. SOAP est un protocole pour le calcul distribué basé sur XML, alors que REST adhère beaucoup plus étroitement au design basé Web.

La méthode la plus simple est REST qui a l'avantage énorme de ne pas ajouter une couche d'abstraction à des données qui n'en ont pas forcément besoin [30].

Le tableau suivant résume les caractéristiques de SOAP et REST ([31],[32]) .

	REST	SOAP
Caractéris tiques	- Les opérations sont définies dans les messages.	- Les opérations sont définies comme des ports WSDL
	- Adresse unique pour chaque instance de	- Adresse unique pour chaque opération

47

	processus. - Chaque objet supporte les opérations définies (standard).	- Instances de processus multiples qui partagent la même opération
Avantages	- Liaison tardive est possible -Instances de processus créés explicitement - Client n'a pas besoin d'informations de routage - Client peut avoir une interface écouteur générique pour les notifications - Language et plateforme agnostiques - Beaucoup plus simple à développer que SOAP - Petite courbe d'apprentissage, moins de dépendance des outils - Pas besoin de couches de messagerie	- Le débogage est possible -Les opérations complexes peuvent être cachées derrière la façade - Emballage API existantes est simple -Langage, plateforme, et transport agnostiques -Conçu pour gérer des environnements informatiques distribués - La norme est en vigueur pour les services Web, et a donc un meilleur soutien des autres normes (WSDL, WS-*) et de l'outillage des fournisseurs - Intégration de gestion des erreurs (fautes) - Extensibilité

	supplémentaires - Proche ,de la conception et de la philosophie du Web	
Inconvénie nts	- Un grand nombre d'objets -Gestion de l'espace de noms URI peut devenir lourde - L'hypothèse d'un modèle de communication point à point - pas utilisable pour un environnement de calcul distribué dans lequel le message peut passer par un ou plusieurs intermédiaires - Manque de soutien par les normes de sécurité, la politique, la messagerie fiable, etc. donc les services qui ont des exigences plus complexes	- Client a besoin de connaître les opérations et leur sémantique à l'avance - Instances de processus sont créées implicitement - Sur le plan conceptuel, il est plus difficile, a plus de "poids lourd" que REST - Plus verbeux - Plus difficile à développer, nécessite des outils

sont plus difficiles à développer. - Lié au modèle de transport HTTP	

3.4 Le moteur de règles (JESS)

JESS (Java Expert System Shell) [34] est un moteur de règles et un langage de script entièrement écrit en Java de Sun produit par le Sandia National Labs. Il est utilisé pour la construction d'applications Java qui possèdent la capacité de « raisonner » en utilisant des connaissances exprimées sous forme de règles déclaratives.

La télésurveillance médicale est basée sur les paramètres requis des patients. Ces paramètres doivent être analysés avant de les envoyer au personnel médical. Le traitement de ces paramètres d'une façon indépendante offre plusieurs avantages, dont [33]:

- La flexibilité de l'application : chaque maladie chronique a ses propres paramètres et ses propres règles. En utilisant Jess, l'application est devenue extensible. Pour chaque maladie, on étudie les règles de connaissances qu'on doit ajouter à Jess sans toucher au code Java;
- L'adaptation de l'application au besoin du patient : ajouter ou supprimer des règles et des rôles;

- La possibilité de donner un diagnostic performant en traitant plusieurs paramètres;
- Plus de précision et d'efficacité;
- La flexibilité du système pour un changement futur.

3.4.1 Le langage JESS

En plus des symboles, du nombre, de la chaine de caractères et des commentaires; les listes « list » sont une autre unité fondamentale dans le langage JESS. Une liste est composée de deux parenthèses et de zéro symbole ou plus.

Exemple d' expression JESS:

(+ 3 2) (a b c) ("Hello, World") () (deftemplate foo (slot bar))

Chaque moteur de règles JESS possède une collection de *faits* (*facts*). Cette collection construit la mémoire de travail. Elle est importante parce que les règles ne peuvent réagir qu'aux ajouts, suppressions et modifications dans la mémoire de travail. On ne peut pas écrire une règle JESS qui va réagir à quoi que ce soit d'autre.

Chaque fait a un *template*. Un template a un nom et un ensemble de slots; si on fait une comparaison avec une base de données relationnelle, le template correspond à une table, un slot à un attribut de la table et un fait est une ligne de la table.

Plusieurs commandes sont utilisées pour manipuler les faits :

- Assert, add, definstance : pour ajouter un fait.
- Retract, undefinstance : pour retirer un fait.
- Modify : pour changer les slots d'un fait.
- Facts : pour lister tous les faits.

51

JESS fournit la fonction « *deftemplate* » pour la définition d'un template comme suit :

```
(deftemplate template-name
  [extends template-name]
  ["Documentation comment"]
  [(declare (slot-specific TRUE | FALSE)
            (backchain-reactive TRUE | FALSE)
            (from-class class name)
            (include-variables TRUE | FALSE)
            (ordered TRUE | FALSE))]
  (slot | multislot slot-name
     ([(type ANY | INTEGER | FLOAT |
             NUMBER | SYMBOL | STRING |
             LEXEME | OBJECT | LONG)]
     [(default default value)]
     [(default-dynamic expression)]
     [(allowed-values expression+)])*)
```

- Exemple de template :

```
(deftemplate automobile
        "A specific car."
        (slot make)
        (slot model)
        (slot year (type INTEGER))
```

```
(slot color (default white)))
```

- Exemple de fact

```
(assert (automobile

        (model LeBaron)

        (make Chrysler)

        (year 1997) ))
```

Une règle dans JESS ressemble à une commande *if ... then* dans un langage procédural. Elle est construite de deux parties séparées par le symbole "=>". La première partie consiste en un pattern de pré-condition et la deuxième partie consiste en l'action.

JESS fournit la fonction « *defrule* » pour la définition d'une règle [34]:

```
(deftemplate person (slot firstName) (slot lastName) (slot age))

    (defrule welcome-toddlers

     "Give a special greeting to young children"

    (person {age < 3})

    => (printout t "Hello, little one!" crlf))
```

3.5   Conclusion

Dans cette partie, on a schimatisé et expliqué notre solution proposée, plus de détails de notre solution sera présentée dans le chapitre suivant qui montre clairement notre propre module réalisé.

CHAPITRE IV

IMPLÉMENTATION

Dans ce chapitre, on décrit la mise en œuvre des composants de l'architecture présentée dans le chapitre précédent. On montre comment on a réalisé l'application qui permet de capter les données du patient et son environnement, ainsi que le stockage et le traitement de ces données.

4.1 Matériel utilisé

Pour la mise en œuvre, on a utilisé un capteur XBee de Digi [35] connecté par le réseau ZigBee avec un routeur et une passerelle Connectport X4. Ce dernier est connecté au réseau internet pour permettre la visualisation des données sur le web et aussi les intégrer dans les applications web.

Figure 4.1   Matériel de développement pour la passerelle zigbee et la plateforme
Idigi [35]

Le capteur XBee est un capteur qui fournit les valeurs de température et de lumière en temps réel, en utilisant le réseau ZigBee. Pour notre implémentation, on a utilisé un seul capteur. Cependant, le même principe s'applique sur les autres capteurs biomédicaux que Digi offre.

La passerelle ConnectPort X4 assure la prise en charge des communications directes vers les nœuds terminaux (périphériques) d'un réseau PAN sans fil à partir d'une application parente exécutée sur un réseau IP. Elle recueille des données de manière autonome à partir des nœuds finaux, puis renvoie régulièrement des informations consolidées à l'application parente via une connexion cellulaire GSM/GPRS. Il est également possible d'utiliser une connexion Ethernet pour renvoyer ces données. Elle inclue les protocoles IP et VPN pour le soutien routage et la sécurité.

Digi Manager Prob est une application software-as-a-service (SaaS), hébergée dans Cloud iDigi, qui offre la gestion de ce réseau (onnectPort X4, capteur et le routeur) comme l'illustre la figure 4.2.

Figure 4.2   Gestion de dispositifs d'Idigi Manager Pro [35]

iDigi Dia (Device Integration Application) est une application écrite en Python qui sert à collecter les données de capteur et routeur et à envoyer les données collectées au cloud iDigi. Ceci permet l'intégration avec les applications clients en utilisant les API de services web pour accéder aux données [35].

4.2   Architecture logicielle

La figure 4.3 démontre l'architecture logicielle de notre application.

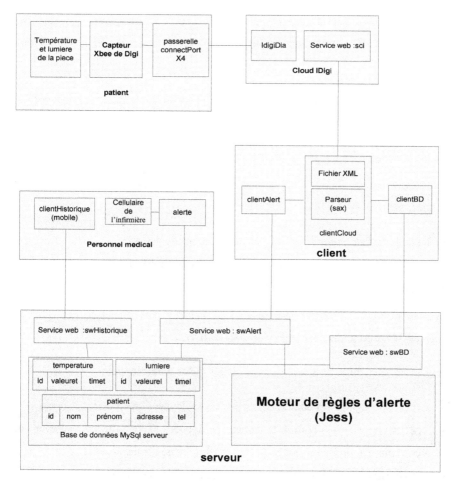

Figure 4.3 Architecture logicielle

4.2.1 Le cloud IDigi

La plateforme d'IDigi fournit un accès au cloud à travers une architecture basée sur des services qui donnent les accès aux données de capteurs envoyées par l'application Idigi Dia.

Le service web est un service web REST qui nous permet de récupérer les données des capteurs sur notre machine.

4.2.2 Le serveur web et la base de données

On a créé une base de données MySql pour stocker les données des capteurs. Cette base de données contient 3 tables :

- La table *Patient* : pour récupérer les informations du patient.
- La table *Temperature* : pour stocker les valeurs de température.
- La table *Lumiere* : pour stocker les valeurs de lumière.

Le moteur de règles Jess est installé sur le serveur pour l'analyse des données récupérées. JESS est appelé par le service web *swAlert.*

Le serveur contient aussi trois services web REST qu'on a développés :

- *swBD* : sauvegarde les données dans la base de données créée.
- *swAlert* : appelle jess pour le traitement de données et, selon le cas, envoyer une alerte sous forme d'un message SMS au cellulaire de l'infirmière.
- *swHistorique* : visualise les données stockées dans la base de données.

4.2.3 Les clients

Nous avons implanté plusieurs applications clients:

- *clientCloud* : il nous retourne les données de capteurs dans un fichier xml. On a utilisé le parseur SAX (Simple API for Xml) pour extraire les valeurs à stocker ou à charger dans la mémoire de Jess. Les données extraites sont : l'identificateur de client, la valeur de la température, la valeur de la lumière, la date, et l'état de la batterie. L'état de la batterie même s'il n'est pas stocké dans la base de données, il est envoyé pour être analysé par Jess.

- *clientHistorique* : il est installé dans les tablettes tactiles du personnel médical pour appeler le service web swHistorique. Le client clientHistorique est développé en utilisant le langage de programmation Android SDK. Le client appelle le service web en passant le numéro d'identification du patient (id) comme paramètre pour récupérer l'historique de ce patient.

- *clientBD* : il appelle le service web *swBD*. C'est un client *Jersey*. Il appelle le service web pour stocker les données qu'il enverra en paramètres. Ces paramètres sont l'identificateur du patient, la valeur de la température, la valeur de la lumière et la date de capture.

- *clientAlert :* il appelle le service web swAlert. Il envoie en paramètres l'identificateur du patient, la valeur de la température, la valeur de la lumière et l'état de la batterie pour qu'ils soient analysés par JESS.

```
Client client = Client.create();

WebResource webResource = client
                .resource("http://localhost:8080/projetmemoire/resources/");

ClientResponse response = webResource.path("alert/id-"+valCap.id+"-
temp-" +      valCap.valtemp + "-lum-"+valCap.vallum+"-bat-" +
```

```
valCap.valbat )

                    .get(ClientResponse.class);

  if (response.getStatus() != 200) {

            throw new RuntimeException("Failed : HTTP error code : "

                  + response.getStatus());

  }
```

Figure 4.4   Le client Jersey de service web swAlert

La figure 4.5 montre le diagramme de séquence qui illustre les interactions des clients.

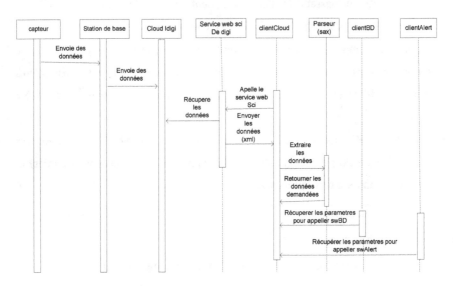

Figure 4.5   Diagramme de séquence des clients

4.3 Les services web REST développés

Les services web ont été développés avec Java en utilisant le paquetage JAX-RS (Java API for Restful Web Services) (Figure 4.6).

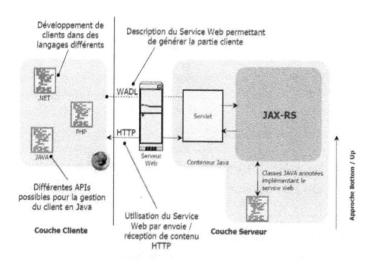

Figure 4.6   Fonctionnement de JAX-RS [36]

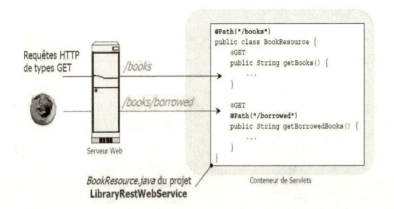

```
@Path("/books")
public class BookResource {
    @GET
    public String getBooks() {
        . . .
    }

    @GET
    @Path("/borrowed")
    public String getBorrowedBooks() {
        . . .
    }
}
```

Requêtes HTTP
de types GET

/books

/books/borrowed

Serveur Web

BookResource.java du projet
LibraryRestWebService

Conteneur de Servlets

Figure 4.7   Exemple d'appel une ressource [36]

Le développement de service web REST repose sur l'utilisation des classes Java et
d'annotation. En effet, une classe Java doit être annotée par @path pour qu'elle puisse
être traitée par des requêtes HTTP. de plus, l'annotation @path sur une classe définit des
ressources appelées *Racines* et sa valeur correspond à une expression URI relative au
contexte de l'application web. L'URI résultante est la concaténation de l'expression du
@path de la classe avec @path de la méthode [36].

Un exemple d'appel d'une ressource est illustré par la figure 4.7.

La valeur définie dans @path ne se limite pas seulement aux expressions constantes.
Cependant, il ya la possibilité de définir des expressions plus complexes appelées
« Template Parameters ». Pour distinguer une expression complexe dans la valeur du

@path, son contenu est délimité par { ... }. Il ya également la possibilité de mixer, dans la valeur de @path, des expressions constantes et des expressions complexes [36].

4.3.1 Le service web *swBD*

La méthode HTTP utilisée par ce service web REST est POST. Les données sont envoyées comme paramètres par le client de ce service web. En premier lieu, il doit établir une connexion avec la base de données en utilisant JDBC. Par la suite une requête SQL est exécutée pour insérer les données. La figure 4.8 montre l'utilisation de la méthode POST pour stocker les données.

```
@Path("id-{id}-temp-{temp}-lum-{lum}-time{time}")
public class DatawebserviceResource {
@POST
public String DatawebserviceResource(@PathParam("id") String id,
                                      @PathParam("temp") String temp,
                                      @PathParam("lum") String lum,
                                      @PathParam("time") String time) {
   //enregistrement des données dans la base de données
     try{
       Sqlstatement s = new Sqlstatement();
       s.insert(id, temp, time);
       s.insertl(id, lum, time);
```

```
}catch(SQLException e){

System.out.println("Failed");

e.printStackTrace();}

return("les valeurs sont insérées");

}
```

.Figure 4.8   La méthode POST pour stocker les données

4.3.2 Le service web *swAlert*

4.3.2.1   Diagramme de séquence

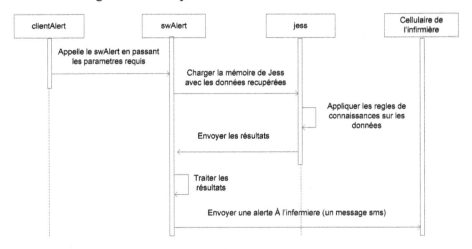

Figure 4.9   Diagramme de séquence de *swAlert*

Comme le diagramme de séquence le montre, le service web swAlert sert à charger les données dans la mémoire de Jess pour faire le traitement selon les règles de connaissances qu'on a développées. Jess analyse les données et envoie les résultats au service web. Ce dernier traite ces résultats et s'il y a une alerte, un message SMS est envoyé à l'infirmière.

La méthode HTTP utilisée dans ce service web est GET avec des paramètres Identificateur du patient, les valeurs de la température et la lumière et l'état de batterie comme le montre la figure 4.10

```java
@Path("/alert/id-{id}-temp-{temp}-lum-{lum}-bat-{bat}")
public class swAlert{
@GET
public String appelleswAlert(@PathParam("id") String id,
                    @PathParam("temp") String temp,
                    @PathParam("lum") String lum,
                    @PathParam("bat") String bat) {
  String res = "";
try{
   Iterator result = run(id,temp,lum,bat);
   while (result.hasNext()) {res = res +(" \n   " + result.next());}
   } catch (JessException e) {
                e.printStackTrace();
                System.out.println(e.getMessage());
```

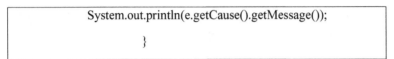

```
        System.out.println(e.getCause().getMessage());

                    }
```

Figure 4.10   La méthode GET et les paramètres de swAlert

4.3.2.2   Diagramme de classe de swAlert

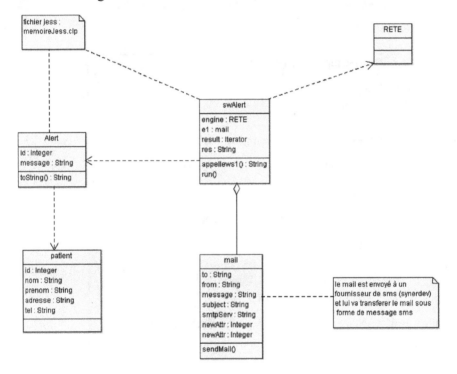

Figure 4.11   Diagramme de classe de swAlert

Ce diagramme décrit les classe suivantes:

- *patient* : c'est la classe qui modélise un patient. Elle est utilisée pour obtenir plus d'informations sur le patient : nom, prénom, adresse, téléphone, etc.
- *Alert* : cette classe est utilisée par le fichier Jess pour créer des objets Alert si les règles d'un rôle sont satisfaites. Un objet Alert contient l'identificateur d'un patient ainsi que le message d'alert.
- *mail* : c'est la classe utilisée par swAlert pour envoyer les alertes par mail au fournisseur SMS. On a utilisé une API de *synerdev* de Microsoft SharePoint et la mobilité (RFID, Windows Mobile, etc.) pour envoyer ces SMS.
- *RETE* est une classe qui appartient à la bibliothèque Jess. Elle établit le lien entre le code JESS et le code Java.
- *swAlert* est la classe principale du service web. Elle est implémentée suivant l'architecture REST en utilisant la méthode GET et le path("/alert/id-{id}-temp-{temp}-lum-{lum}-bat-{bat}"). La méthode run () de cette classe a pour but d'exécuter les règles de fichier *memoireJess.clp* dont les résultats obtenus sont envoyés par la méthode *sendmail()* de la classe mail.

Le fichier *memoireJess.clp* c'est le fichier Jess qui rassemble les règles utilisées pour contrôler les paramètres des patients et leur environnement (Figure 4.12).

```
(deftemplate Alerte
        (declare (from-class Alerte)))
(deftemplate Patient
                (slot id (type INTEGER))
                (slot temperature)
```

```
            (slot pression)

            (slot saturation))

(deftemplate piece

            (slot id )

            (slot temperatureP)

            (slot lumiere)

            (slot batterie))

(defrule verificationDEtemperaturepieceE

 ?p <- (piece {temperatureP > 25})

  =>

    (bind ?a (new Alerte ?p.id "piece tres chaude temp>25"))

    (add ?a)

)

(defrule verificationDEtemperaturepieceB

 ?p <- (piece {temperatureP < 15})

  =>

    (bind ?a (new Alerte ?p.id "piece tres froide temp < 15"))

    (add ?a)

)

(defrule vérificationDElumierepiece
```

```
?p <- (piece {lumiere < 50})

 =>

   (bind ?a (new Alerte ?p.id "piece n'est pas bien eclairee"))

   (add ?a)

 )

(defrule vérificationDEbatteie

 ?p <- (piece {batterie == "True"})

 =>

   (bind ?a (new Alerte ?p.id "low battery"))

   (add ?a)

 )
```

Figure 4.12   Un extrait de fichier Jess

On a utilisé trois templates dans le fichier :

- *Alert* déclaré de la classe alert dans Java. JESS peut créer des template automatiquement à partir d'une classe Java.
- *Patient* pour insérer l'identificateur du patient et les signes vitaux
- *Piece* pour insérer l'identificateur du client et aussi les valeurs de la température et la lumière de la pièce

Les valeurs de la température et de la lumière ainsi que l'état de batterie sont insérés sous forme de faits dans la mémoire de JESS comme le montre la figure 4.13 :

```
private Iterator run(String id, String temp, String lum, String bat) throws
JessException {

// Create a Jess rule engine

 Rete engine = new Rete();

 engine.reset();

// charger le fichier jess

engine.batch("C:/memoireJess.clp");

engine.executeCommand("(assert (piece (id "+id+") (temperatureP
"+temp+")(lumiere "+lum+")(batterie "+bat+")))");

 engine.run();

 return engine.getObjects(new Filter.ByClass(Alerte.class));

 }
```

Figure 4.13   Insertion des paramètres dans JESS

On a utilisé le template

    (piece (slot id) (slot temperatureP) (slot lumiere) (slot batterie))

pour insérer l'identificateur de patient, la température et lumière de la pièce ainsi que
l'état de batterie dans le mémoire de JESS sous forme d'un fait comme:

 (piece (id 1) (temperature 22) (lumiere 60) (batterie faux))

Si le niveau de batterie est très bas, le capteur retourne la valeur vrai.

Le client *clientAlert* appelle le service web *swAlert* en passant les données récupérées du fichier xml parsé par SAX. Le service web reçoit ces paramètres et à son tour les insère dans la mémoire de travail de JESS (figure4.13) avec l'instruction :

(assert (piece (id "+id+") (temperatureP "+temp+") (lumiere "+lum+")(batterie "+bat+"))).

L'exécution de la commande *run()* déclenche les règles de JESS sur les faits insérés dans sa mémoire de travail. Si le pattern de pré-condition est vrai, alors l'action va être exécutée.

Par exemple, si la température de la pièce est 29 degrés, le capteur va enregistrer cette valeur avec les autres paramètres.

Le service *swAlert* va insérer ces valeurs dans la mémoire de JESS comme suit:

(assert (piece (id 1) (temperatureP 29)(lumiere 60) (batterie faux))).

Lorsque les règles sont déclenchées (figure 4.13) le pattern de pré-condition de cette règle est vrai :

(defrule verificationDEtemperaturepieceE

?p <- (piece {temperatureP > 25})

=>

(bind ?a (new Alerte ?p.id "piece tres chaude temp > 25"))

(add ?a)

)

71

L'action va donc être exécutée, et par conséquent, un objet de type alerte (figure 4.14) déclaré comme template de la classe JAVA est créé.

```
public class Alerte {
 private final String id;
 private final String message;
  public Alerte(String ido,String messageo ){
 id = ido;
 message = messageo;
 }
   public String getId() { return id; }
   public String getMessage() {  return message;  }
   public String toString() {
                return ("Alert : le patient "+ id + "  " + message);
 }   }
```

Figure 4.14   La classe *Alerte* de Java

Les objets créés contiennent deux paramètres : l'identificateur du patient et le message d'alerte.

Dans le cas de notre exemple, l'objet suivant a été créé et ajouté à la liste des résultats:

(new Alerte 1 "piece tres chaude temp>25")

Après la vérification de toutes les règles, on obtient tous les objets d'alerte. Ces alertes sont sous forme d'un message SMS envoyé au cellulaire de l'infirmière (Figure 4.15).

Figure 4.15   Alertes reçues au cellulaire sous forme des messages sms

La programmation des messages SMS avec Java demande du matériel et logiciel qui n'étaient pas à notre portée comme des passerelles SMS. Pour cela, nous avons utilisé le fournisseur SMS *synerdev*. Les alertes sont envoyées par email au fournisseur SMS qui les transfère instantanément sous la forme de messages SMS (figure 4.16).

```
mail e1 = new mail("freesms@synerdev.com","mail",res, "cell num",
"smtp.gmail.com")

e1.sendMail();

 return(res);

}
```

Figure 4.16   Envoi des emails au fournisseur sms

4.3.3 Le service web swHist

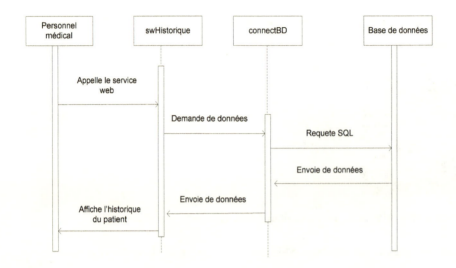

Figure 4.17   Diagramme de séquences de swHistorique

Comme le diagramme de séquences le montre, le personnel médical peut en tout temps appeler le service web swHist pour visualiser l'historique du patient. Dés l'appel de ce service, une connexion à la base de données est établie pour récupérer les données qui vont être affichées sous forme d'un graphe.

Le service web swHistorique est développé en utilisant la technologie JFreeChart pour produire des graphes et aussi des charUtilities pour que le graphe soit visualisé au serveur. La méthode HTTP est GET et il possède un paramètre qui est l'identificateur du patient. La figure 4.18 illustre le développement de ce service web.

```
@Path("/historique/id-{id}")
```

```
public class HistoriqueResource {

@GET

@Produces("image/png")

 public File HistoriqueResource(@PathParam("id") String id)throws
Exception {


String query = "select time1,valeure1 from lumiere where id
=\""+id+"\"";


JDBCCategoryDataset dataset  = new
JDBCCategoryDataset(Connect.makeConnection(), query);


JFreeChart chart = ChartFactory.createLineChart("", "Date", "Light's
value", dataset, PlotOrientation.VERTICAL, false, true, true);


File file = new File("fichier.png");

ChartUtilities.saveChartAsPNG(file, chart, 1000, 600);

 return (file);

  }}
```

Figure 4.18   Service web swHistorique

4.3.3.1   Le client de service web swHistorique

Le client mobile est implémenté par Android SDK. Ce dernier nous fournit les API et les outils de développement nécessaires pour construire et tester les applications pour Android (Android est un système d'exploitation mobile pour téléphones intelligents, PDA, MP3 et tablettes).

Une activité (activity) est la composante principale pour une application Android. Elle représente l'implémentation et les interactions des interfaces. Une nouvelle activité démarre avec un écran vide dans lequel on va placer notre interface utilisateur. Pour cela, on appelle setContentView en lui passant l'instance de View ou la ressource layout à afficher [38][39].

```
public class MainActivity extends Activity
{
    /** Called when the activity is first created. */
    @Override
    public void onCreate(Bundle savedInstanceState)
    {
        super.onCreate(savedInstanceState);
        setContentView(R.layout.main);
    }}
```

Figure 4.19   La composante activité dans Android SDK

La classe R.java est utilisée pour référer aux ressources. En d'autres termes, elle fait le lien entre le code Java dans l'élément activité et l'interface utilisateur dans le fichier main.xml.

L'interface graphique pour une application Android est construite d'une hiérarchie des objets de vue (*view*) et groupe de vue (*Viewgroup*). Les objets *view* sont généralement les widgets de l'interface utilisateur comme les boutons (buttons) ou les champs de texte (text fields). Les objets Viewgroup sont des conteneurs qui définissent comment les vue enfants sont organisées.

Android offre un vocabulaire XML pour définir une interface utilisateur en utilisant la hiérarchie de view et Viewgroup (Figure 4.20). [40]

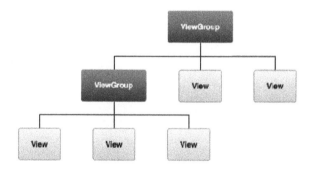

Figure 4.20   Illustration des objets view et Viewgroup [40]

La figure suivante montre le fichier main.xml qui décrit l'interface réalisée. *android:id* fournit un identificateur unique pour une vue qu'on peut utiliser pour référencier un objet dans notre code d'application tel que par exemple la lecture et la manipulation de cet objet.

```xml
<?xml version="1.0" encoding="utf-8"?>
<LinearLayout
xmlns:android="http://schemas.android.com/apk/res/android"

  xmlns:tools="http://schemas.android.com/tools"

  android:layout_width="match_parent"

  android:layout_height="match_parent"

  android:orientation="vertical" >


 <LinearLayout

    android:orientation="horizontal"

    android:layout_width="fill_parent"

    android:layout_height="wrap_content"

    >

 <EditText android:id="@+id/idP"

    android:layout_weight="1"

    android:layout_width="0dp"

    android:layout_height="wrap_content"

    android:hint="@string/idP" />
```

```
<Button android:id="@+id/okB"
    android:layout_width="wrap_content"
    android:layout_height="wrap_content"
    android:text="@string/okB" />


</LinearLayout>

<ImageView android:id="@+id/affim"
            android:layout_width="wrap_content"
            android:layout_height="wrap_content"
    android:text="@string/affim"
            />
</LinearLayout>
```

Figure 4.21   Fichier main.xml de notre implémentation

Android SDK permet d'utiliser les émulateurs pour tester les applications. Dans notre cas, on a choisit d'utiliser un émulateur de tablette. Pour cela, on a configuré le gestionnaire ADV (Android Virtual Device Manager) (figure 4.22).

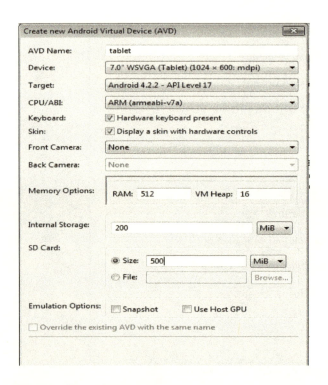

Figure 4.22   ADV manager

On a un émulateur tablette Android pour tester notre application. La figure 4.23 montre l'émulateur après la configuration de ADV manager.

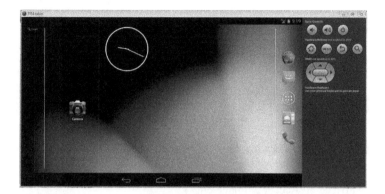

Figure 4.23   L'émulateur Android

Nous avons ajouté un code pour appeler le service web *swHistet* et afficher l'historique du client. Ce service web est appelé lorsqu'on clique sur un bouton. Pour cela, on a mis un écouteur d'évènement (onClick) sur le bouton comme le montre la figure 4.21.

Apache HttpClient est une bibliothèque Java complète et robuste pour exécuter des opérations HTTP, y compris les services web REST.

On a utilisé Apache httpClient pour exécuter la requête GET de service web swHistorique comme le montre la figure 4.24

```
//on applique un écouteur d'évenement au clique sur le bouton
button.setOnClickListener(
    new OnClickListener() {
    @Override
```

```java
public void onClick(View v) {
    //on réupère le texte écrit dans l'EditText
    id = editText.getText().toString();
    try{
            HttpClient httpclient = new DefaultHttpClient();
            HttpGet request = new HttpGet("http://adresse de lahote
:8080/resources/ historique/id-"+id);
            request.addHeader("Accept", "image/png");
            HttpResponse response = httpclient.execute(request);
            StatusLine statusLine = response.getStatusLine();
            if(statusLine.getStatusCode() == HttpStatus.SC_OK){
                    HttpEntity entity = response.getEntity();
                    InputStream inputStream  = entity.getContent();
                    bitmap = BitmapFactory.decodeStream(inputStream);
                    image.setImageBitmap(bitmap);
            } else{
                    //Closes the connection.
                    response.getEntity().getContent().close();
                    throw new IOException(statusLine.getReasonPhrase());
            }
    }catch (IOException e) {
```

82

```
        System.out.println(e.getMessage());

   } } }  );
```

Figure 4.24   Le client HTTP pour le service web *swHistorique*

Le fichier *AndroidManifest.xml* déclare l'ensemble des éléments de l'application qu'on a utilisé pour donner la permission d'accès à Internet (Figure 4.25).

```
<?xml version="1.0" encoding="utf-8"?>

<manifest xmlns:android="http://schemas.android.com/apk/res/android"

    package="android.interfacd"

    android:versionCode="1"

    android:versionName="1.0">

 <application android:label="@string/app_name"
android:icon="@drawable/ic_launcher">

    <activity android:name="MainActivity"

            android:label="@string/app_name">

      <intent-filter>

        <action android:name="android.intent.action.MAIN" />

        <category
android:name="android.intent.category.LAUNCHER" />

      </intent-filter>

    </activity>

  </application>
```

```
<uses-sdk android:minSdkVersion="8" />

<uses-permission
android:name="android.permission.INTERNET"></uses-permission>

</manifest>
```

Figure 4.25   Permission d'accès à internet dans Android

Grâce à ce client, le personnel médical entre l'identificateur du patient, puis clique sur le
bouton *Ok* pour obtenir l'historique du patient (Figure 4.26).

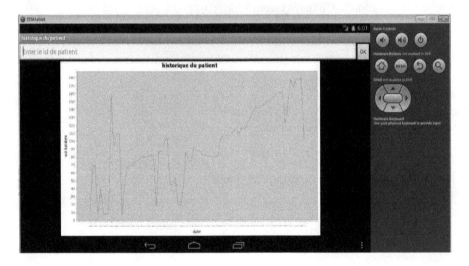

Figure 4.26   Historique du patient sur tablette tactile

4.4   Conclusion

Les résultats obtenus sont très satisfaisants. En effet, on a achevé l'ensemble des modules proposés dans l'architecture de prototype. Les images présentées et ses explications donnent un aperçu de notre travail.

CHAPITRE V

EVALUATION DE PERFORMANCES

Dans cette partie, on s'intéresse à l'évaluation de performance de l'application réalisée dans le chapitre précédent. Cette évaluation va nous permettre de mesurer le temps de réponse lors de l'exécution d'un service web.

On a utilisé Netbeans 7.1 au niveau du serveur et du client pour le développement et l'accès aux services web. La base de données MySql est utilisée pour sauvegarder les données des capteurs.

5.1 Temps de réponse

Le temps de réponse est mesuré comme suit : le client appelle le service web à l'instant t_0 (mesuré en millisecondes). Le service web reçoit la requête, fait les traitements et renvoie la réponse au client. Le client reçoit la réponse à l'instant t_1 et le temps de réponse est donc $t_1 - t_0$.

Le concept de multithreading est utilisé pour la simulation de plusieurs clients en même temps.

5.1.1 Temps de réponse de l'alerte

86

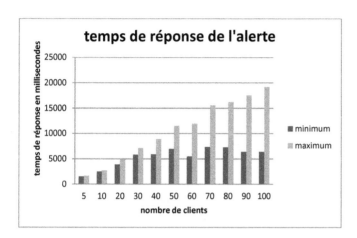

Figure 5.1   Temps de réponse pour différents clients de service web swAlert

On remarque dans le graphe que, lorsqu'on augmente le nombre de clients, le temps de réponse maximum augmente aussi, mais le temps de réponse minimum varie.

Si on estime que le temps de réponse performant pour une alerte est moins de 10 secondes, on constate dans le graphe que 45 requêtes peuvent être exécutées en même temps pour répondre à cette performance.

Dans notre architecture, la vérification de signes vitaux se fait toutes les 10 minutes, donc on peut organiser la surveillance des patients en fonction de cet intervalle. Par conséquent, notre architecture supporte 2700 patients; un nombre très important dans la réalité.

On peut alors constater que notre système répond aux besoins des patients et qu'il est performant.

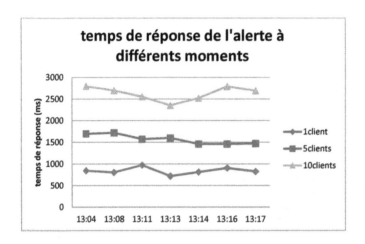

Figure 5.2   Temps de réponse pour plusieurs clients à différents moments

La figure 5.2 montre plus de détail sur le temps de réponse. On a vérifié celui-ci sur plusieurs périodes et on a remarqué qu'il est stable.

5.1.2 Temps de réponse de l'historique du patient

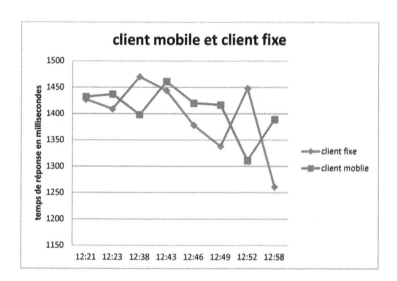

Figure 5.3   Temps de réponse du client mobile et du client fixe pour le service web
swHist

De la même manière, on a calculé le temps de réponse du client mobile et celui du client
fixe. On a trouvé que le temps de réponse du client mobile est très proche de celui du
client fixe. Ainsi, l'utilisation du client mobile ne diminue pas la performance du
service web et facilite, en tout temps, la consultation de l'historique du patient par le
personnel soignant, sans que ce dernier soit obligé d'être à l'hôpital.

5.2   Le débit clients

Le débit clients représente le nombre de clients par seconde.

La formule suivante est utilisée pour calculer le débit client par seconde:

débit (clients/s) = nombre de clients / temps de réponse en seconde.

Le graphique suivant (Figure 5.4) représente les résultats obtenus. Le nombre de clients simultanés est représenté sur l'axe des x et le débit est représenté sur l'axe des y.

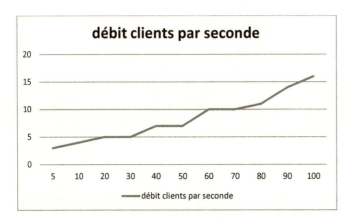

Figure 5.4   Le débit client par seconde

On observe que le débit client augmente toujours lorsque l'on accroît le nombre de clients, ce qui confirme la performance du système.

CHAPITRE VI

CONCLUSION

Dans ce travail, on a traité une problématique actuelle qui est le la télésurveillance de malades ; ce qui constitue l'une des questions importantes. En utilisant la technologie de l'information, les soins à domicile font partie de la prise en charge des personnes âgées ou atteintes de maladies chroniques. Dans ce cadre, on a proposé et développé un prototype pour la télésurveillance médicale.

Notre implémentation est basée sur trois parties essentielles :

1. L'installation des capteurs (hardware et software) et la récupération des données ainsi que la sauvegarde dans une base de données.
2. Le développement de fichier Jess ainsi que les règles de connaissances qui traitent les données
3. Le développement des services web REST se basant sur JAX-RS.

L'évaluation de performance nous a montré que l'utilisation des services web légers comme REST a augmenté les performances globales de l'application.

Comme perspective de notre travail, on propose de :

- Étudier la mise à jour de la base de données en temps réel au lieu de contenter de les interroger.

- Terminer le développement au delà des services offerts à des infirmières qui, selon le cas, peut appeler l'ambulance, donner des conseils au patient ou appeler le médecin traitant. On peut également envisager l'activation automatique de ces services.

- Utiliser le système Perla [37] pour interroger les capteurs. L'utilisation d'agents de filtrage des données acquises des capteurs optimise l'utilisation de l'énergie qui présente un défi pour le réseau de capteurs. Le système Perla est en phase de développement, il sera disponible de l'intégrer dans le futur.

- Considérer des maladies particulières et ajouter leurs règles de connaissance à Jess.

- Étudier la sécurité de système pour la confidentialité des données et le contrôle d'accès aux services offerts.

BIBLIOGRAPHIE

[1] DT 10 et 11 " Télémédecine : définitions, normes et applications," Stetégies Télécoms et Multimédia, http://www.strategiestm.com/spip.php?page=print&id_article=3057, accédé Novembre 2012.

[2] http://www.caducee.net/Dossierspecialises/grandsite/telemedecine.asp, accédé Mars 2013.

[3] site de esiggetel, http://www.esigetel.fr, accédé Mars 2013.

[4] W. Xiaohong, "The Design of Remote Medical Monitoring System Based on Sensors and GPRS," *International Forum on Information Technology and Application,* vol. 3, pp. 516-519, 2009, IEEE Computer Society, USA.

[5] S. Ahmed and M. Y. A. Raja, "Telemedic Sensor Networks and Informatics for Healthcare Services,"6th International symposium on *High-Capacity Optical Networks and Enabling Technologies,* pp. 67-73, 2009, IEEE Computer Society, USA.

[6] H. Huo, Y. Xu, H. Yan, S. Mubeen, and H. Zhang, "An Elderly Health Care System Using Wireless Sensor Network at Home,"3rd *International Conference on Sensor Technologirs and Applications,SENSORCOMM,* pp. 158-163, 2009. IEEE Computer Society, USA.

[7] N. Noury, A. Fleury, R. Nocua, J. Poujaud, C. Gehin, A. Dittmar, G. Delhomme, J. Demongeot, and E. McAdam, "Capteurs pour la télésurveillance médicale," *IRBM,* vol. 30, no. 3, pp. 93-103, 2009, Elsevier Masson SAS, Netherlands.

[8] Jacob Andersen, "Medical Sensor Network Infrastructures", *PhD Dissertation*, 2009, http://cs.au.dk/~jacand/dissertation.pdf, accédé Janvier2014.

[9] Maîtrise de Sciences et Techniques "Réseaux Informatisés de Santé – Télésurveillance Médicale", " présentation de la télésurveillance médical, http://www.biomedicale.univ-paris5.fr/mst/presentationtelesurveillance.html, Accédé en Août 2010.

[10] Agence de la santé publique du Canada : www.santepublique.gc.ca, accédé Octobre 2012.

[11] La télésanté à domicile et la prise en charge de la maladie chronique : http://www.medetic.com/docs/03/Apercu-technique-telesante-a-domicile.pdf, accédé Janvier 2014.

[12] Norbert NOURY, " Du signal à l'information : le capteur intelligent. Exemples industriels et en médecine ", *PHD Dissertation*,2002, http://tel.archives-ouvertes.fr/docs/00/04/60/58/PDF/tel-00004468.pdf, accédé Janvier 2014.

[13] Kamal BEYDOUN, " conception d'un protocole de routage hiérarchique pour les réseaux de capteurs ", *PHD Dissertation*, 2009, http://lifc.univ-fcomte.fr/home/~hguyennet/These_beydoun.pdf, accédé Janvier2014.

[14] Abdallah MAKHOUL, " Réseaux de capteurs : localisation, couverture et fusion de données ", *PHD Dissertation*, 2008, http://lifc.univ-fcomte.fr/~publis/manuscrits/theseMakhoul08.pdf, accédé Janvier 2014

[15] Yasser Gadallah, " Data Dissemination in Wireless Sensor Networks," *Communications Research Centre Canada*, 2006, http://faculty.uaeu.ac.ae/YGadallah/papers/CRC_Report_2006.pdf, accédé Mars 2013.

[16] VigilNet, " An Integrated Sensor Network System for Energy-Efficient Surveillance," http://www.cs.virginia.edu/wsn/vigilnet/, accédé Mars 2013.

[17] Ibrahim Noorzaie, " Survey Paper: Medical Applications of Wireless Networks ," http://www.cse.wustl.edu/~jain/cse574-06/ftp/medical_wireless.pdf, accédé Mars 2013.

[18] H. Furtado, and R. Trobec, " Applications of wireless sensors in medicine," *MIPRO, 2011 Proceedings of the 34th International Convention*, pp. 257-261, 2011. IEEE Computer Society, USA.

[19] S. Ahmed and M. Y. A. Raja, "Telemedic Sensor Networks and Informatics for Healthcare Services,"6th International symposium on *High-Capacity Optical Networks and Enabling Technologies*, pp. 67-73, 2009, IEEE Computer Society, USA.

[20] Harvard Sensor Networks Lab, " CodeBlue: Wireless Sensors for Medical Care", http://fiji.eecs.harvard.edu/CodeBlue, accédé Mars 2013.

[21] IMINET, " Interfaces for Intelligent Environments," *Intelligent Medical Information Network*, http://mediatools.iict.ch/document?url=iminet/IMINet.doc.pdf&dpId=14 , Accédé Mars 2013.

[22] G. Virone, A. Wood, L. Selavo, Q. Cao, L. Fang, T. Doan, Z. He, R. Stoleru, S. Lin, and J. A. Stankovic, "An Advanced Wireless Sensor Network for Health Monitoring," *Transdisciplinary Conference on distributed Diagnosis and Home Healthcare (D2H2)*, presented at. Arlington, VA, Avril 2-4, 2006, www.cs.virginia.edu/papers/d2h206-health.pdf, accédé Mars 2013.

[23] Wikipédia : http://fr.wikipedia.org/wiki/ZigBee0, accédé Mars2013

[24] ZigBee Alliance, " ZigBee Wireless Sensor Applications for Health, Wellness and Fitness ", 2009, http://docs.zigbee.org/zigbee-docs/dcn/09-4962.pdf, accédé Avril 2013.

[25] SOSinf.org, http://www.sosinf.org/soins-de-base/signes-vitaux/, accédé Mars 2013.

[26] Jean-Pierre Borg, "Les Services Web", http://www.efort.com/r_tutoriels/WebServices_EFORT.pdf, accédé mars 2013.

[27] Jian Meng, Shujun Mei, Zhao Yan, "RESTful Web Services: A Solution for Distributed Data Integration," *Computational Intelligence and Software Engineering 2009 CiSE 2009*, Vol. 6, N. 4, pp. 1-4, 2009, ISBN. 4961311723, IEEE Computer Society, USA.

[28] Jean-Paul Figer, ARMOSC, "REST, un style d'architecture universel" , 2006 , http://www.figer.com/publications/REST.htm, accédé Mars 2013.

[29] John Cowan, "RESTful Web Services, An introduction to building web services without tears (i.e., without SOAP or WSDL) ", 2005, http://home.ccil.org/~cowan/restws.pdf, accédé Janvier 2014.

[30] Xavier Borderie, "SOAP, XML-RPC et REST : différences et intérêts", *journal du net*, 2004, http://www.journaldunet.com/developpeur/tutoriel/xml/041105-xml-rpc-soap-rest-1a.shtml, accédé Janvier 2014.

[31] Michael zur Muehlen, Jeffrey V. Nickerson, and Keith D. Swenson," Developing web services choreography standards: the case of REST vs. SOAP, " *Journal Decision Support Systems - Special issue: Web services and process management,* vol.40, no.1, pp.9-29, 2005, ACM.

[32] Brennan Spies, "Web Services, Part 1: SOAP vs. REST", 2008, http://ajaxonomy.com/2008/xml/web-services-part-1-soap-vs-rest, accédé Janvier 2014

[33] Kulani Makhubele, "A Knowledge Based Expert System for Medical Advice provision", 2012 http://pubs.cs.uct.ac.za/honsproj/cgi-bin/view/2012/brenkel_makhubele.zip/MAS_MKHKUL002_BRNKEV008/files/kulani_thesis.pdf, accessed Mars 2013.

[34] site de Jess : http://www.jessrules.com/jess/docs/71/index.html

[35] site de digi : http://www.digi.com

[36] Mickael BARON, " Développer des Services Web REST avec Java : JAX-RS, " 2011, http://mbaron.developpez.com/soa/jaxrs/, accédé Avril 2013.

[37] Fabio A. Schreiber, Life Senior Member, IEEE, Romolo Camplani,Marco Fortunato, Marco Marelli, and Guido Rota, "PerLa:A Language and Middleware Architecture for Data Management and Integration in Pervasive Information Systems" *IEEE TRANSACTIONS ON SOFTWARE ENGINEERING*, Vol. 38, N. 2, pp. 478-496, 2012, IEEE Computer Society, USA.

[38] Tutos-Android : http://www.tutos-android.com/introduction-programmation-android, accédé Janvier 2014.

[39] Reto Meier, "Android 4", *pearson France*, 2012,
http://www.pearson.fr/resources/titles/27440100259260/extras/2544_chap04.pdf,
accédé Janvier 2014.

[40] Building a Simple User Interface,
http://developer.android.com/training/basics/firstapp/building-ui.html,   accédé
janvier 2014

[41] Samuel R. MADDEN, Michael J. FRANKLIN, Joseph M. HELLERSTEIN, and
Wei HONG," TinyDB: an acquisitional query processing system for sensor
networks, " *Journal ACM Transactions on Database Systems,*vol.30, no.1,
pp.122-173, 2005, USA.

www.ingramcontent.com/pod-product-compliance
Lightning Source LLC
LaVergne TN
LVHW042340060326
832902LV00006B/298